AF494726

LE CIMETIÈRE MÉROVINGIEN
DU GRAVAS

PAR

M. ALFRED CARAVEN-CACHIN

Lauréat de l'Institut (Académie des Sciences)

Lauréat de l'Académie des Sciences, Inscriptions et Belles-Lettres de Toulouse.
Lauréat de la Société Française d'Archéologie.
Lauréat de la Société archéologique de Béziers.
Lauréat aux Expositions industrielles, artistiques et archéologiques.
Fondateur et Secrétaire général de la Commission des Antiquités, des Sciences
et des Lettres du Tarn.
Membre honoraire de la Société royale du Luxembourg.
Membre correspondant de la Société géologique de France.
Membre fondateur, titulaire, associé et correspondant de plusieurs Académies
et Sociétés savantes de la France et de l'Étranger.

GAILLAC

IMPRIMERIE P. DUGOURC, LIBRAIRE

Rue Malakoff et rue de la Vie

1891

LES ORIGINES DE GAILLAC

LE CIMETIÈRE MÉROVINGIEN DU GRAVAS

La ville de Gaillac *(villa Galliacensis, Galliacum, Galhac)* est située sur la rive droite du Tarn, au centre d'une magnifique plaine renommée pour ses excellents vins. Des terres opulentes, des jardins tellement fertiles qu'ils portent le nom d'*Apulia* (Pouille), de frais ombrages, de nombreuses villas lui forment une luxuriante ceinture (1).

« Cette ville, dit M. du Mège, existait longtemps avant qu'elle eût acquis de l'importance par la fondation du monastère de Saint-Michel, au commencement du IX⁰ siècle ; et l'on peut croire que des habitations étaient réunies dans ce lieu pendant la domination des Romains, puisque l'on y trouve encore beaucoup de médailles du Haut-Empire, des urnes et des tombeaux (2). »

Le testament de Saint-Didier, évêque de Cahors, daté de l'an 654, qui donne à son église le lieu de Gaillac, est le

(1) De Combettes-Labourelie : *Itinéraire de Toulouse à Albi*, 1867, p. 137.

(2) Du Mège in *Archives historiques de l'Albigeois et du pays Castrais* par M. Roger, 1842, pp. 309 et 310.

plus ancien titre où il soit parlé de cette ville (1). Malheureusement, dans le naufrage général des archives de la France mérovingienne, le testament du saint évêque de Cahors, qui était une des plus grandes illustrations de l'épiscopat français au VIIe siècle, s'est perdu et aucune copie n'est arrivée jusqu'à nous.

Mais, si Gaillac ne peut fournir des actes écrits pour revendiquer l'ancienneté de son origine, cette célèbre cité possède un autre chartrier, tout aussi important, tout aussi infaillible; ce chartrier, c'est la terre qui contient dans ses couches silencieuses et accumulées par les années des textes encore plus anciens et des titres non moins éclatants que les diplômes des rois, les chartres des empereurs, les testaments des évêques, les donations des seigneurs. Ces titres, ce sont les ruines, les débris, les tombeaux que la charrue et la pioche ont exhumés, depuis des siècles, de son sol et que nous allons décrire par la plume et par la photographie.

Ici, les premiers noms ne sont pas tracés sur le parchemin et le papyrus, mais ils sont gravés sur les quartzites *chelléennes (2),* sur les silex *moustériens (3),* sur les pointes de flèches *solutréennes (4),* sur les armes *magda-*

----

(1) Saint-Didier, évêque de Cahors, donna par testament à l'église de cette ville plusieurs villages qui lui appartenaient dans l'Albigeois, dont il était originaire, notamment celui de Gaillac. *Hist. générale du Languedoc,* t. II, p. 20.

(2) Alfred Caraven-Cachin : *Esquisse géographique et géologique du département du Tarn, servant d'explication à la carte géologique de cette contrée.* — Manuscrit.

(3) Alfred Caraven-Cachin. — *Loc. cit.*

(4) Alfred Caraven-Cachin. — *Loc. cit.*

— 3 —

léniennes *(1)*, sur les haches de pierres polies *robenhau-siennes (2)*, sur l'or des *Gaulois*, sur la céramique *romaine* et sur le bronze et le cuivre étamé des *Francs*.

Nous allons commencer aujourd'hui par étudier la nécropole germanique du Gravas, près Gaillac, et prouver que si cette ville a été occupée tour à tour par les races humaines de *Canstadt*, de *Cro-Magnon*, de *Furfooz*, des premiers *Aryans*, des *Gaulois* et des *Romains*, elle le fut aussi du temps des *Francs*.

Cette dernière civilisation, toute militaire, a laissé dans le champ du Gravas des traces incontestables de son passage.

Un cimetière, naguère encore caché sous les ceps de vignes, est tout ce qui en reste, il est vrai, mais dans la tombe elle y est descendue avec ses armes, son costume et son industrie.

Il nous semble que nous avons bien le droit de réveiller ces guerriers à la mâle figure et d'interroger nos pères, nous, qui, depuis bientôt trente années, faisons briller le flambeau de l'archéologie sépulcrale et fouillons les cimetières de nôtre département, pour l'amour de la science et des antiquités nationales.

1º *Historique des Fouilles.*

La plaine diluvienne, qui est située entre le cours du Tarn (rive droite) et les collines qui la bordent au N.-O., a une surface nivelée et paraît à l'œil rigoureusement

---

(1) **Alfred Caraven-Cachin.** — *Loc. cit.*
(2) **Alfred Caraven-Cachin.** — *Loc. cit.*

horizontale, sauf une petite terrasse de quelques mètres de hauteur, à peu près parallèle au cours de cette rivière.

C'est sur cette marche d'escalier, située environ à 1.500 mètres au nord de Gaillac, non loin du confluent du ruisseau du Viars dans le Tarn et le long de la route nationale d'Albi à Toulouse, qu'est situé le lieu appelé *Gravas*, à cause, sans doute, de l'accumulation puissante du gravier que le Tarn a déposé dans cet endroit.

Ce diluvium de la plaine, qui est composé en grande partie de cailloux roulés de quartz blanc et gris, de quartzite, de diorite, d'amphibolite, de gneiss, de granites, etc., a été exploité pour macadam au commencement de ce siècle.

Le terrain exploré appartient à MM. Lavergne et Rodier, qui l'avaient planté en vigne. En 1874, un nouveau mouvement de terrain dans la vigne de M. Lavergne amena au jour un beau sarcophage en pierre qui renfermait des ossements humains, qui furent déposés au cimetière de Gaillac, et deux boucles en bronze qui nous ont été généreusement offertes par le propriétaire.

Prévenu de cette découverte, au mois d'octobre 1887, nous nous rendîmes immédiatement au Gravas, afin d'explorer ces lieux si intéressants pour l'archéologie départementale. MM. Lavergne et Rodier mirent leur propriété au service de la science avec une libéralité et une grâce que nous ne saurions assez reconnaître. Mais le champ du Gravas venait d'être semé en blé. Dans l'impossibilité de faire opérer des fouilles, nous résolûmes d'examiner attentivement les déblais qui provenaient de cet asile de la mort. Interrogé pour la troisième fois, le

sol a répondu à notre attente en livrant à nos recherches
assidues :

1° Une boucle en bronze avec son ardillon ;

2° Une plaque de ceinturon en bronze avec dessins
extrêmement barbares ;

3° Une petite plaque en cuivre étamée avec figures ;

4° Une perle en verre jaune ;

5° Une perle en émail bleu et côtelée ;

6° Des fragments de verre antique ;

7° Un silex non taillé.

2° *Découverte du Cimetière du Gravas.*

Le cimetière du Gravas fut reconnu au commencement
de ce siècle. A cette époque, ce champ, déchiré pour la
première fois par la pioche, abandonna les tombes quatorze
fois séculaires qu'il renfermait dans son sein.

Le dortoir des Francs présente la forme d'un parallélo-
gramme dont les côtés ont cinquante mètres de longueur
sur vingt de largeur. Les ouvriers qui attaquèrent résolu-
ment les dépôts caillouteux découvrirent plus de cinquante
cercueils en grès, à environ 60 centimètres de profondeur.
Tous ces tombeaux furent trouvés ensemble, c'est-à-dire
qu'ils paraissaient former un groupe ou plutôt une rangée
plus ou moins régulièrement alignée et dirigée du nord au
sud. Ils étaient placés sur le penchant de la petite colline
et exposés aux chauds rayons du soleil.

L'inhumation sur le penchant des coteaux est un des
traits caractéristiques de la civilisation franque : « *Olim,*
dit Durand de Mende, *veteres sepeliebantur in montis,*

sive in eorum medio sive in radicibus (1). » Les faits les plus nombreux et les mieux observés sont venus confirmer cette indication de l'histoire.

Environ quinze cercueils furent rencontrés dans le jardin de M. Rodier et trente-cinq dans le champ de M. Lavergne.

Les auges funèbres étaient taillées dans des blocs de grès; quelques-unes étaient sculptées. Toutes étaient hermétiquement fermées par des couvercles en grès prismatiques. Par conséquent, ces auges n'avaient pas laissé pénétrer dans leur sein de la terre d'interposition.

Ces cercueils renfermaient des squelettes humains, qui avaient été tous couchés sur le dos et horizontalement comme cela se pratique depuis huit siècles. La face regardait le ciel, la tête était tournée à l'orient et les pieds au levant. L'histoire nous enseigne que tous les peuples de la terre ont tourné leurs morts vers l'orient. Cette coutume fut donc constante et universelle.

En soulevant ces sarcophages, quelques-uns se brisèrent en quittant leur gisement primitif. Ceux qui restèrent intacts furent vendus pour servir d'abreuvoir aux bestiaux.

Les ouvriers ont aussi remarqué que dans certains tombeaux il ne restait que quelques ossements et que ces derniers n'étaient pas en place, circonstance qui ferait supposer qu'il y avait eu ici une visite antérieure.

Ces cadavres étaient généralement accompagnés d'objets en métal. Parmi les objets en fer, en bronze et en cuivre que possédaient les morts, on a conservé chez le peuple,

(1) Durand : *Rationale divin. offic.*, lib. VII, c. 35.

toujours attentif à noter les événements importants de l'histoire locale, le souvenir d'armes, notamment de sabres, des plaques et des boucles qui ont été abandonnés sur le sol.

C'est sur ces dernières indications que nous avons résolu d'interroger les déblais et de parcourir tous les jardins de Gaillac, afin de retrouver le mobilier funèbre du Gravas. Nos recherches ont été couronnées par le succès. Les déblais nous ont donné des objets extrêmement intéressants pour la science et les jardins de la Pouille nous ont montré, à côté de la primitive bascule en bois gardienne des puits, plusieurs auges funèbres. Mais, depuis l'année 1870, l'usage des norias s'étant généralisé dans cette région, les cercueils ont cédé la place à des cuves maçonnées et cimentées qui étaient plus commodes ; aussi les tombeaux ont été en partie détruits. Cependant, nous avons encore retrouvé dans les jardins quarante cercueils, dont un sculpté. Quant aux dimensions des auges funèbres, elles varient d'après les diverses tailles des défunts, qui sont sensiblement les mêmes que celles de la population actuelle.

3° *Description des Tombeaux.*

Les tombeaux du Gravas se divisent en deux sections principales :

1° Les *Tombeaux apparents,* qui devaient rester visibles ;

2° Les *Tombeaux non apparents,* qui étaient destinés à être recouverts de terre.

1º TOMBEAU APPARENT.

Nous n'avons pu retrouver que quelques fragments du tombeau sculpté. Il était en grès rouge permien et appartenait à M. Mandret, à Gaillac.

L'auge funèbre était recouverte de cannelures en spirales, appelées *strigiles,* parce qu'elles ressemblaient, par leur forme, à l'instrument dont les Romains se servaient pour ôter la sueur qui couvrait leur corps et pour nettoyer la peau dans le bain. Au milieu se trouvait une croix, symbole du Christ.

On a découvert, en France, beaucoup de cercueils mérovingiens couverts de strigiles : ils sont généralement en marbre.

M. de Caumont nous a bien souvent répété que ces sarcophages ont dû être placés dans l'origine à découvert, soit dans les cimetières, soit sous de petits édicules, soit dans des églises et des chapelles, soit enfin sous des arcades, dans des cryptes ou des caveaux funéraires.

Lorsqu'on compare ces sculptures aux bas-reliefs des tombeaux romains, il est facile de voir combien fut rapide la décadence qui suivit la grande migration des peuplades germaniques et scandinaves dans les Gaules.

Malheureusement cette auge funèbre a été brisée dernièrement par des ouvriers inintelligents, qui en ont converti les morceaux en meules à aiguiser.

2º TOMBEAUX NON APPARENTS.

Le premier sarcophage que nous allons examiner appartient à M. Lavergne. Il est placé dans son jardin de Saint-Jean, près Gaillac. Ce sépulcre possède un couvercle qui est prismatique. Ils sont l'un et l'autre taillés dans un seul bloc de grès permien.

Leur forme est élégante, la taille en est soignée. La largeur de l'auge nous prouve qu'il était destiné à un guerrier.

Voici les dimensions de ce cercueil :

1° Couvercle prismatique.
Longeur, 2^m
Largeur à la tête, 0^{m}70
Largeur aux pieds, 0^{m}50

2° Pour l'auge funèbre, voir le n° 8 du tableau ci-dessous.

Ce tombeau est plus large à la tête qu'aux pieds : il n'est pas taillé d'équerre et ne présente pas au fond de l'auge funèbre le trou ovale destiné à l'évacuation des matières putrides.

La forme régulière de l'auge du Gravas a été aussi observée par nous à Lagrave, en 1882 (1), et par M. l'abbé Cochet sur les sépultures franques de Saint-Ouen (2). Même remarque a été faite pour les tombeaux attribués à Clovis et à Ste Clotilde, trouvés en 1807 dans l'église de l'abbaye de Ste-Geneviève, à Paris (3).

---

(1) Alfred Caraven-Cachin : *Rapport à Sa Grandeur Monseigneur Ramadié, archevêque d'Albi, sur l'apostolat de sainte Sigolène et la fondation de l'abbaye de Troclar*, 1882.

(2) L'abbé Cochet : *Notice sur des sépultures chrétiennes trouvées en mars 1871, à Saint-Ouen de Rouen*, p. 22, fig. 1.

(3) Henri Bordier et Edouard Chartron : *Histoire de France*, t. I, p. 127 et planches.

Le trou d'écoulement, pour les matières putrides, était toujours situé à environ 0m60 cent. des pieds. Mais, il ne faut pas croire toutefois que son usage fût général en France pendant toute la période qui va de Clovis à Pépin-le-Bref. Nous avons de bonnes raisons pour affirmer qu'il n'apparaît dans nos contrées qu'au VIe siècle pour disparaître à la fin du VIIe. Voilà pourquoi les tombeaux des premiers fondateurs de la monarchie française ne présentent pas cette particularité.

MM. l'abbé Cochet, de Caumont et plusieurs autres archéologues ont rencontré un grand nombre de tombeaux mérovingiens postérieurs à Clovis, dont l'auge n'avait pas été perforée. Dans le Tarn, nous signalerons la bière de Troclar comme manquant aussi de trou d'écoulement (1).

La place de la tête est indiquée par un petit rebord ou entaille, pratiquée à même la roche. C'est le premier cercueil de cet âge, découvert dans notre département, où nous avons constaté ce détail d'architecture, qui est du reste caractéristique de l'époque franque. Cependant, en 1865, sur les tombeaux mérovingiens de la Bosse, près Labruguière, nous remarquâmes qu'aux angles de l'auge sépulcrale, à droite et à gauche, où devait reposer la tête du défunt, se trouvaient deux saillies ou coussins de pierre, échancrés en demi-cercle. Cette entaille faite à dessein par le tombier a une certaine analogie avec les tombeaux chrétiens des XIe et XIIe siècles (2) : aussi, nous écrivait à cette époque M. l'abbé Cochet, *vous voyez que*

(1) Alfred Caraven-Cachin : *Loc. cit.*
(2) Alfred Caraven-Cachin : *Lettre sur des tombeaux chrétiens des XIe et XIIe siècles*, 1864.

la forme de vos cercueils est plutôt carlovingienne que mérovingienne (1).

Le couvercle est également très soigné : sa forme est prismatique légèrement aplatie.

M. le baron de Rivières a signalé dans le cimetière mérovingien de Rivières des couvercles à quatre faces avec une petite corne ou aile à chaque angle (2). M. de Caumont a rencontré également des couvercles prismatiques dans les sépultures mérovingiennes de l'ouest de la France. A Neuvic (Charente-Inférieure), le nom du défunt était même inscrit sur un des côtés du prisme qui formait le cercueil (3). Nous avons constaté l'aplatissement du couvercle sur un grand nombre de tombeaux de ce genre, surtout quand ils se rapprochent de nous. Ce même fait a été observé par M. l'abbé Cochet sur des couvercles des tombeaux mérovingiens découverts à Ouville-la-Rivière, en 1854 (4).

Ainsi donc le couvercle comme l'auge funèbre présentent tous les deux les caractères de l'époque mérovingienne.

Le second tombeau de M. Lavergne est situé dans la Pouille. Cette tombe lourde et grossière, taillée dans un bloc de grès éocène, a été travaillé sur les lieux par un

---

(1) Lettres de M. l'abbé Cochet, de l'Institut, à M. Alfred Caraven-Cachin. — *Lettres du 25 au 30 janvier 1865.*

(2) Baron de Rivières : *Antiquités gallo-romaines et franques, découvertes à Rivières (Tarn)* : in *Revue archéologique* du Midi de la France, 1866, t. I, p. 179. — Alfred Caraven-Cachin : *Le Tarn et ses Tombeaux,* p. 105.

(3) De Caumont : *Architecture religieuse,* pp. 65 et 69.

(4) L'abbé Cochet : *Cimetière franc, découvert à Ouville-la-Rivière :* in *Sépul. gaul. rom. franq. et norm.,* p. 188.

artiste inhabile. Elle provient, sans aucun doute, d'une carrière située dans les environs de Gaillac.

Le tombeau de M. Julia, rue des Lombards, ainsi que ceux qui sont dispersés dans les jardins de Gaillac, ont depuis longtemps perdu leur couvercle. Il ne reste plus que les auges funèbres qui ont été façonnées en grès rouge permien et dont nous allons donner les dimensions dans le tableau suivant :

Tableau des différentes dimensions que présentent les auges funèbres du Gravas.

	1°	2°	3°	4°	5°	6°	7°	8°	9°	10°
1° Longueur (au dehors)....	0ᵐ85	1ᵐ35	1ᵐ60	1ᵐ65	1ᵐ70	1ᵐ85	1ᵐ88	1ᵐ94	1ᵐ98	2ᵐ
2° Longueur (au dedans)....	0ᵐ75	1 16	0 40	1 43	1 65	1 78	1 80	1 82	1 85	1 90
3° Largeur à la tête (dehors)..	0 48	0 58	0 48	0 59	0 60	0 62	0 71	0 67	0 70	0 80
4° Largeur à la tête (dedans)..	0 38	0 42	0 42	0 43	0 45	0 50	0 63	0 55	0 60	0 70
5° Largeur aux pieds (dehors).	0 41	0 53	0 40	0 41	0 40	0 45	0 55	0 45	0 52	0 50
6° Largeur aux pieds (dedans).	0 31	0 37	0 35	0 33	0 36	0 40	0 47	0 33	0 48	0 45
7° Profondeur (dehors)......	0 25	0 50	0 49	0 46	0 40	0 38	0 38	0 42	0 50	0 38
8° Profondeur (dedans).....	0 20	0 35	0 36	0 30	0 32	0 35	0 34	0 32	0 36	0 30
9° Epaisseur générale des bords.	0 05	0 05	0 07	0 06	0 08	0 09	0 08	0 07	0 12	0 10

Le cercueil que possèdent MM. Termes et Bosc était destiné à un enfant (n° 1 du tableau).

L'usage d'enterrer les enfants dans les tombeaux en pierre était général à l'époque mérovingienne.

M. l'abbé Durand a rencontré dans le cimetière mérovingien de Benouville-sur-Orne un cercueil en pierre qui avait un mètre de long et qui renfermait un petit enfant (1).

M. l'abbé Cochet signale la sépulture d'un enfant de six ans, dont la dentition était à peine terminée, trouvé dans une fosse du cimetière mérovingien d'Envermeu (2). Le célèbre archéologue Normand a exhumé à Martot (Eure) un tombeau dont l'auge se composait de deux pièces et dont le couvercle d'un seul morceau affectait la forme d'un toit. Ce tombeau renfermait le corps de deux enfants de dix mois (3).

Des enfants et même de tout jeunes enfants ont été souvent reconnus par Rev. Bryan Faussett, dans ses nombreuses explorations de sépultures anglo-saxonnes faites dans le Kent, à la fin du siècle dernier. Il en a trouvé 10 à Gilton, 22 à Sibertswold et 44 à Kingston (4).

Enfin, M. R. C. Neuville a recueilli, en 1851, à Little Wilbraham, près Cambridge, 8 squelettes d'enfants, dont 6 très petits (5).

4° Conséquences historiques qui découlent de l'étude des Sarcophages.

A présent que nous avons examiné soigneusement ces tombeaux et que nous les avons décrits et critiqués aussi

---

(1) L'abbé Durand : *Mém. de la Soc. des Antiq. de Normandie*, t. XII, p. 328.

(2) L'abbé Cochet : *Sépul. gaul. rom. franç. et norm.* p. 192.

(3) L'abbé Cochet : *Loc. cit.*, p. 124.

(4) Rev. Bryan Faussett : *Inventorium sepulchrale*, pp. 128, 133, etc., in-4°, London, 1856.

(5) Neuville : *Saxon obsequies*, p. 8.

bien que possible, nous allons essayer de tirer les consé-
quences historiques qui en découlent.

Ces sarcophages ne présentent aucun des caractères du
moyen âge. Sous les premiers capétiens, c'est-à-dire du
XIe au XIIe siècle, les cercueils de pierre n'étaient pas
des auges portatives. Ils étaient ordinairement fabriqués
sur place au moyen de moellons, juxtaposés à la tête,
aux pieds et sur les côtés comme nous l'avons observé
à Albi (1). Toujours la place de la tête est indiquée à
l'intérieur par une entaille carrée ou circulaire. Le
couvercle, constamment aplati, est formé de petites dalles
horizontalement alignées. Généralement parlant, ce travail de cercueil affecte la forme du corps humain, en ce
sens que, large au milieu, il se rétrécit aux pieds et
s'amoindrit à la tête.

Les tombeaux du Gravas ne sont pas carlovingiens, car
les Francs de Pépin-le-Bref et de Hugues Capet étaient
ensevelis dans des cercueils lourds et massifs. L'auge
sépulcrale est presque égale aux pieds et à la tête : les pieds
sont généralement amoindris comparativement au haut du
corps. La forme pesante et rude de ces sarcophages a
quelque chose des tombeaux romains du IVe et du Ve
siècles. Le couvercle est bombé et semi-circulaire ; mais
ce qui distingue ces bières des auges antiques, c'est un
emboîtement circulaire pour la tête pratiqué à même la
roche. Ici l'emboîtement est rond, tandis qu'il est carré
dans les cercueils faits de plusieurs morceaux.

---

(1) Alfred Caraven-Cachin : *Le Tarn et ses Tombeaux, suivi de
l'Histoire et de la Géographie de cette province sous la domination
romaine*, 1 vol. in-8° avec planches, Paris, 1873, pp. 111 à 127.

Les sarcophages de Gaillac ne paraissent pas non plus appartenir au V⁰ siècle. A cette époque, la forme typique des cercueils est bien parallélique et irrégulière et ils sont plus étroits aux pieds qu'à la tête ; mais le rétrécissement de l'auge ne s'opère pas généralement d'une manière régulière, comme dans les bières du Gravas : au contraire, un côté reste droit tandis que l'autre est incliné.

Enfin, ces auges n'appartiennent pas non plus à l'époque romaine. Par époque romaine, nous entendons ici le IVᵉ et le Vᵒ siècles, car pour les trois premiers siècles il n'existe pas de sarcophages, puisque l'incinération régnait en reine dans la Gaule Narbonnaise comme dans l'Aquitaine. Tous les cercueils en pierre qui commencent à apparaître à partir de Constantin sont lourds et massifs, quelques-uns même à peine dégrossis. Le couvercle est une pierre plate et quadrangulaire ; parfois il est circulaire ou convexe, souvent aussi il affecte la forme d'un toit. On remarque dans les tombeaux romains une forte masse, une grande pesanteur et une certaine majesté : on dirait, ce qui est vrai pour la plupart d'entre eux, qu'ils ont été destinés à demeurer à la surface du sol.

Les tombeaux des Francs, qu'ils soient Mérovingiens ou Carlovingiens, diffèrent donc essentiellement de ceux des Français qui les suivent ou des Gallo-Romains qui les précèdent.

A la période franque, le sarcophage de pierre est généralement recherché par les familles riches ou les personnages de distinction. La forme du cercueil est également spéciale à cette époque. Comme ces cercueils étaient destinés à voyager, on les faisait les plus légers et les plus portatifs possibles. Cette nécessité est sans doute la cause de deux détails, qui sont, en effet, devenus distinctifs dans les sépultures de cet âge. Le premier est la forme légère du sarcophage; le second est celle du couvercle que nous avons indiquée.

Pour nous, nous n'hésitons pas à attribuer les sarcophages du Gravas à l'*époque franque* et à la *période mérovingienne*. Les cercueils que nous avons découverts doivent avoir été déposés ici à cette période de l'histoire : ils en ont tous les caractères. La pierre qui les compose, leur orientation, leur taille, la forme des auges et des couvercles, tout plaide pour ce temps, et ce qui va achever de le démontrer, ce sont les objets trouvés dans le tombeau appartenant à M. Lavergne et dans les déblais provenant du cimetière de Gaillac que nous allons étudier.

5° *Carrière où se fabriquait le mobilier funèbre.*

L'étude minéralogique de la roche qui forme les sarcophages du Gravas nous a indiqué la carrière où les mineurs mérovingiens enlevaient la pierre pour confectionner leur mobilier funèbre. C'est à la Sajetié, à environ 2 kilomètres de Monestiés, et entre Combefa et Saint-Benoît de Carmaux que nos anciens pères exploitaient, pour la fabrication de leurs tombeaux, des grès diversement nuancés, appartenant à la formation *Permienne* du Tarn.

On ne saurait douter qu'il se soit fait, à cette époque, un commerce important de ces auges, qui ont toutes une forme semblable et une provenance commune. Le commerce de ce temps dut les apporter toutes faites, soit sur commande, soit pour le marché public. Chacun les achetait pour les besoins de sa famille ou de son pays.

En 1878, nous avons découvert à Castres la carrière où se confectionnaient les bières en grès tertiaire, qui inondèrent le Castrais pendant tout le moyen âge (1). En visitant, le 3 avril 1884, la magnifique carrière de la Sajetié, nous remarquâmes que cette exploitation à ciel ouvert remontait à plusieurs siècles (2). Mais nous ne pouvions soupçonner alors que les tombiers mérovingiens aient, à leur tour, fouillé, entaillé et soulevé ces puissantes assises gréseuses et qu'il existait déjà dans cette contrée, et dès le VIe siècle, un commerce de cercueils.

Nous avons la preuve de ces faits historiques, non dans des livres contemporains, mais au sein de la terre et dans les monuments dont elle est restée dépositaire.

6° *Objets que renfermait le Cercueil de Saint-Jean.*

M. Lavergne, qui a eu la bonne fortune d'ouvrir ce cercueil, a ramassé deux fragments d'ossements humains et deux boucles en bronze.

Les quelques débris d'ossements humains recueillis dans l'auge funèbre nous prouvent que cette fosse avait été visitée et que cette sépulture avait été violée. On

---

(1) Alfred Caraven-Cachin : *Histoire de l'Abbaye de Saint-Benoît de Castres*, in *Bull. Com. des Antiq. de la ville de Castres*, t. II, 1878-1876, p. 56.

(2) Alfred Caraven-Cachin : *Esquisse géographique et géologique du département du Tarn* et *Carte géologique du Tarn, Terrain permien*, ouvrage manuscrit.

ne s'était pas contenté d'enlever au mort les objets précieux qu'il possédait, on avait encore dispersé ses ossements dans les déblais : aussi, M. Lavergne trouva autour de ce sarcophage le maxillaire inférieur d'une mâchoire humaine qui possédait toutes ses dents. Comme on le voit, ces spoliations dataient déjà de bien loin.

Nous savons, par de nombreux témoignages historiques, que la richesse des inhumations franques fut une cause permanente de violation et de brigandage pendant cette période de l'histoire qui va de Clovis à Charlemagne. L'abondance des ornements était telle qu'elle tentait jusqu'à la cupidité des grands seigneurs. Montfaucon raconte le crime de Gontran Boson, qui, en 585, pilla dans l'église de Metz le tombeau d'une de ses parentes, enterrée avec beaucoup d'or et de riches ornements (1). M. Ozanam, dans sa *Civilisation chrétienne chez les Francs,* raconte que les prêtres avaient placé dans l'examen de conscience du Germain du IXe siècle cette curieuse interrogation : « *N'as-tu pas violé un tombeau?* » (2). On connaît toutes les rigueurs des lois saliques, burgondes, bavaroises et visigothes contre les violateurs de tombeaux. Cela n'empêcha pas qu'à des époques de désordres, des pillages furent organisés et que nos cimetières en furent nos premières victimes.

C'est pour cela qu'aujourd'hui la violation des sépultures est chose élémentaire en archéologie. Depuis trente ans que nous remuons la cendre humaine, nous avons

(1) Montfaucon : *Les Monuments de la Monarchie française,* t. I, p. 109.

(2) L. Veuillot : *Le Droit du seigneur au moyen âge,* p. 37.

acquis la preuve que presque tous les cimetières mérovingiens du Tarn avaient été plus ou moins violés pendant ces âges barbares (1). M. l'abbé Cochet a constaté le même fait dans la Normandie (2).

Cette spoliation si générale est cause que cette fouille a fourni à M. Lavergne peu d'objets de collection.

7° Objets découverts
dans les déblais du Champ du Gravas
par M. Alfred Caraven-Cachin.

1° CEINTURON FRANC.

Personne n'ignore qu'aux époques romaine et mérovingienne on enterrait les morts habillés et armés. On allait même jusqu'à les parer de leurs plus riches ornements avant de les confier à cette terre sur laquelle ils étaient entrés nus.

Nous savons aussi que l'usage du ceinturon, placé autour des reins, était général chez les peuples envahisseurs de l'empire romain tels que Saxons, Germains, Francs, Burgondes et Scandinaves. C'est à cette ceinture que les femmes suspendaient leurs instruments de travail et leurs objets de toilette, le guerrier ses armes, l'artisan sa hache et ses petits outils. Il en résulte que les agrafes

---

(1) Alfred Caraven-Cachin : *Sépultures gauloises, romaines et franques du Tarn*, Castres, 1873. — *Le Tarn et ses Tombeaux*, etc., Paris, 1873.

(2) L'abbé Cochet : *Sépul. gaul. rom. franq. et norm.*, Paris, 1857.

se retrouvent autour des corps qu'elles avaient mission de ceindre pendant la vie. Tacite dit à ce sujet : « *Omnibus tegmen est sagum fibulá aut, si desit spina consertum (1).* » Et Sidoine Appolinaire s'exprime en ces termes :

Strictius assutæ vestes procura coercent,
Membra virum (2).

Ainsi, on peut dire que partout où le Franc repose, il n'y a qu'à frapper du pied la terre pour en faire sortir une boucle. Dans tous les cimetières francs que nous avons interrogés dans notre département, les morts qu'ils recélaient nous ont répondu en nous présentant leurs boucles et leurs agrafes plaquées, ciselées, incrustées ou damasquinées qui étaient placées à leur ceinture et durent fermer leur ceinturon disparu.

La large plaque en bronze ou en fer qui servait à serrer la ceinture paraît étrangère aux Grecs et aux Romains. Les Barbares doivent avoir importé avec eux cette mode dans l'Occident. Pallas remarque que les Bouriates et les Kalmouks fabriquaient ces plaques de ceinturon et d'autres ornements en fer damasquiné d'argent. M. Huc cite le même fait dans son voyage en Mongolie.

2° BOUCLES.

Une des preuves les plus éclatantes que nos sarcophages du Gravas sont d'origine franque, ce sont les deux boucles

(1) Tacite : *De Moribus Germanorum*, c. 6.
(2) Sidon. Appolin. : *Carmen Panegyr. de Majori*, v. 241.

en bronze que M. Lavergne a ramassées dans le tombeau de Saint-Jean et celle que nous avons trouvée nous-même dans les déblais du cimetière, boucles qui se sont montrées jusqu'ici si abondantes dans les sépultures de races germaniques.

M. l'abbé Cochet, dans son bel ouvrage sur *Le Tombeau de Childéric* Ier, s'exprime ainsi : « Rien de plus inévitable que la boucle dans la sépulture franque, burgonde, saxonne et allemanique : elle est dans la tombe le caractère inhérent de la race teutonique. On ne signale pas de boucles dans la sépulture du Gaulois, si riche de colliers, de bracelets et d'armilles. Je ne l'ai jamais rencontrée dans l'urne du Romain du Haut-Empire, d'où la fibule est si souvent sortie. Je ne sais même pas si l'on en a tiré une seule des sarcophages du Bas-Empire, où pourtant les broches et les fibules abondent. C'est que si l'armille est gauloise, si la fibule est romaine, la boucle à son tour est essentiellement germanique (1). »

« La ceinture et la boucle qui en dépend, à la fois objet de luxe et d'utilité, offrent en archéologie quelque chose de nouveau et de spécial aux races teutoniques, » ajoute M. Rigollot, d'Amiens (2). En effet, rien de ce qui concerne ces objets n'est imité des arts romains, comme on a pu le faire pour quelques broches ou fibules, dont l'usage était alors commun aux nations civilisées ou barbares. Tout dans les boucles, la matière et la forme, le style et l'ornementation, nous éloigne de l'antiquité classique.

---

(1) L'abbé Cochet : *Le Tombeau de Childéric* Ier, pp. 233, 34 et 35.
(2) Rigollot : *Mém. de la Soc. des Antiq. de Picardie*, t. X, p. 185.

Ainsi donc, la boucle n'apparaît, jusqu'ici, dans l'Europe qu'avec les Francs ; ni les Gaulois, ni les Romains, ni les Grecs ne l'ont connue. La boucle est essentiellement germanique, et la plus ancienne connue appartient à Childéric Iᵉʳ.

Nous savons aujourd'hui que le conquérant des Gaules sortit des camps de la Germanie avec une provision de boucles de toutes sortes, riches par la matière et déjà ornées de verres et de pierreries enchassées, mais vierges encore de ces plaques et de ces contre-plaques larges et ouvragées qui décoreront plus tard les agrafes de ses descendants.

Les boucles du Gravas appartiennent à la catégorie des boucles simples qui étaient parfois carrées, mais le plus souvent rondes ou ovales. Elles sont en bronze, de forme ovale. Celle que nous avons trouvée dans les déblais est munie de son ardillon. (Voir la photographie.)

Ces boucles sont entièrement semblables à celles que nous avons découvertes dans les sépultures franques trouvées à la Périé, près Réalmont, en 1863 (1), à la Bosse, près Labruguière, en 1859 (2), à Saint-Jean-de-Vals, près Roquecourbe, en 1873 (3) et à Saint-Etienne, près Labessière-Candeil, en 1881 (4). M. le baron de

(1) Alfred Caraven-Cachin : *Sépultures franques, trouvées à la Périé, en 1863* et *Sép. gaul., rom. et franq. du Tarn*, p. 103, 1873.

(2) Alfred Caraven-Cachin : *Sépultures franques, découvertes à la Bosse, en 1859* et *Sép. gaul., rom. et franq. du Tarn*, p. 111.

(3) Alfred Caraven-Cachin : *Sépul. gaul., rom. et franq. du Tarn*, p. 99.

(4) Alfred Caraven-Cachin : *Les Tombes mérovingiennes de Saint-Etienne* in *Bull. com. des Antiq. de la ville de Castres*, t. IV, p. 60, 1881 et 1882.

Rivières a également ramassé dans les tombeaux mérovingiens de Rivières des boucles de ceinturon en fer qui ressemblent à celles du Gravas (1).

Des boucles pareilles ont été rencontrées par M. l'abbé Cochet dans toute la Normandie (2).

Enfin, en 1851, les sépultures saxonnes de Strood ont fourni également une belle boucle de bronze de forme ovale (3).

Agrafe et Plaque carrée.

Le produit le plus remarquable de la fouille du cimetière du Gravas se composait surtout d'une agrafe en bronze pour ceinturon et d'une plaque carrée en cuivre étamée qui servait de terminaison au ceinturon.

1° AGRAFE EN BRONZE.

L'agrafe, dont nous donnons la photographie de grandeur naturelle, est malheureusement incomplète; la partie supérieure a été détruite par un accident quelconque. A côté d'elle, nous avons figuré une belle agrafe complète qui nous a été généreusement offerte par M. Frédéric Moreau père, un des plus célèbres archéologues français

(1) Baron de Rivières : *Loc. cit.*, p. 179, 1866. — Alfred Caraven-Cachin : *Le Tarn et ses Tombeaux*, p. 105.

(2) L'abbé Cochet (voir tous les ouvrages du savant archéologue normand).

(3) Roach Smith : *Collectanea antiqua*, vol. III, p. 209, planches XXXIV, f. 5.

et qui nous rend en sympathie ce que nous lui avons voué de reconnaissance (1).

La pièce du Gravas est fondue en bronze et recouverte d'une jolie patine verte. La surface inférieure présente trois rivets fondus et percés sur la plaque et en faisant partie. C'est au moyen de ces appendices que la plaque était fixée sur le cuir du ceinturon. Cette boucle possède un trou rond où devait entrer le crochet pour l'agrafer. Le mécanisme qui fait mouvoir l'ardillon dans le trou ménagé dans la plaque est d'un usage grossier et incommode. En outre, cet ornement est légèrement arqué, détail qui prouve qu'il devait s'adapter à la partie qu'occupe le ceinturon autour du corps.

La forme générale de cette agrafe, le nombre et la disposition des rivets, les détails de sa partie inférieure la font remonter, avec une entière certitude, à l'époque mérovingienne et même au VIe siècle. La collection Caranda et le Musée de Rouen en offrent une foule de spécimens identiques.

L'agrafe de Gaillac rentrerait donc dans cette catégorie de bijoux que l'on recueille assez communément dans les tombeaux de la *première époque mérovingienne.*

Mais si l'on examine avec soin le côté apparent de la boucle du Gravas, qui présente des ornements en creux tres barbares, tels que croix, lignes entre-croisées, traits formés par un pointillé, on remarque avec étonnement que ces dessins sont complètement inconnus à l'époque franque, et l'on hésite à rapporter ce bijou aux descendants de Childéric Ier.

(1) Cette agrafe provient du cimetière mérovingien d'Avey (Aisne).

A quel peuple appartenait donc l'ouvrier qui a tracé ces sculptures grossières, complètement étrangères aux races latines et grecques et qui paraissent inconnues aux peuples barbares qui se ruèrent sur l'empire d'Occident au commencement du funèbre Ve siècle?

Nous pensions avec raison, d'après l'illustre Lindenschmit, de Mayence (1), que les tribus germaniques, tout en apportant dans les Gaules une certaine intelligence de la civilisation grecque et latine, car elles avaient longtemps parcouru ces contrées, durent aussi imposer aux ouvriers latins qu'elles employaient quelque chose de leurs instincts et de leurs élémentaires traditions artistiques empruntées à des sources lointaines. Il nous semblait que ce ne devait pas être dans les productions de l'architecture et de la sculpture, qui furent encore des œuvres latines et grecques, que devait se traduire dans toute sa rudesse le cachet artistique des races conquérantes, mais bien dans le goût naturel, dans le détail où s'exerce la patience d'exécution que ces peuplades pouvaient donner carrière à leur fantaisie artistique. Enfin, nous supposions que si des mains latines ou grecques continuèrent à peu près seules à tenir le compas et le ciseau, des barbares manièrent le marteau, le burin et les instruments de l'industrie nationale dont ils continuèrent les traditions.

Voilà pourquoi nous avions toujours remarqué que si toutes les découvertes archéologiques faites dans notre vieille Europe présentaient une analogie frappante dans les détails, on pouvait cependant arriver à relever des traits distinctifs dans l'industrie des différents peuples du

(1) Lettre du 10 mai 1888.

Vᵉ siècle, en l'étudiant dans son ensemble. C'est ainsi que les coutelas larges et courts, les damasquinures caractériseraient les Burgondes ; les longues épées en fer, qui rappellent celles des Gaulois, appartiendraient aux Allemani ; le travail du bois distinguerait les Souabes ; la francisque serait l'arme de prédilection des Francs ; la richesse des fibules indiquerait les Saxons et les Scandinaves. Mais où placer la boucle du Gravas, dont la gravure étrange rappelerait plutôt l'*époque préhistorique* ?

Comme l'origine de ce bijou nous était inconnue, nous résolûmes de soumettre la plaque du Gravas au jugement éclairé des principaux archéologues et explorateurs français et étrangers et de demander à la vaste érudition de nos éminents collègues et à la connaissance approfondie qu'ils possèdent des antiquités de l'Europe barbare, déposées dans les musées publics et dans les collections privées, l'explication d'un fait étrange et qui nous paraissait unique dans les annales de la science archéologique.

Les réponses ne se firent pas attendre ; commençons par la France :

Voici le rapport que M. Frédéric Moreau père, l'érudit archéologue de l'Aisne, qui a fouillé environ 10.000 tombeaux mérovingiens dans son département, a bien voulu nous adresser sur notre précieuse découverte :

OPINION

DE PLUSIEURS ARCHÉOLOGUES SUR DEUX OBJETS EN BRONZE, EXPOSÉS DANS LE CABINET DE M. FRÉDÉRIC MOREAU PÈRE, 98, RUE DE LA VICTOIRE, A PARIS, LE 9 MARS 1888.

« La pièce allongée est, sans aucun doute, une plaque

à boucle adhérente, *incomplète*. La partie supérieure a été détruite par suite d'un accident quelconque.

« Le dessin communiqué doit être complété par l'esquisse jointe aux pièces.

« Cette plaque est évidemment de l'époque franque, V⁰ ou VI⁰ siècle, dont la collection Caranda offre de nombreux spécimens identiques. Le nombre et la disposition des rivets, qui la fixaient sur le cuir, ne laissent aucun doute à cet égard.

« L'abbé Cochet en représente une série pages 300 et 301 dans *La Seine-Inférieure*.

« Ce sont, dans les collections, les pièces les moins estimées.

« Le mécanisme, qui fait mouvoir l'ardillon dans le trou ménagé dans la plaque, est d'un usage grossier, incommode.

« Celle dont il s'agit aujourd'hui resterait dans cette catégorie d'objets indifférents, si la plaque, quoique franchement de forme du V⁰ ou VI⁰ siècle, n'offrait pas un dessin qui rappelle d'une façon étrange l'*Époque préhistorique*.

« Ce sont les mêmes dessins, très grossièrement imités, d'inscriptions découvertes sur les parois des grottes antiques et sur des rochers.

« A ce titre, la boucle en question aura le privilège de mettre longtemps à l'épreuve la patience et la science des épigraphistes.

« A quoi attribuer, en effet, sur une pièce du VI⁰ siècle des dessins barbares qu'on ne doit rencontrer que dans les monuments *préhistoriques !!!*

« Noms des archéologues ayant pris part à cette étude :

« EMILE RIVIÈRE, lauréat de l'Institut, à Paris ;

« I. PILLOIS, de la Société des Antiquaires, à Saint-Quentin ;

« C. MILLESCAMPS, de la Société des Antiquaires ;

« DUPUIS, Président de la Société historique de Senlis,

« Et votre tout dévoué collègue, FRÉDÉRIC MOREAU. »

M. Frédéric Moreau père, l'auteur de l'admirable *Album Caranda* et dont le nom est connu dans toute l'Europe, voulut bien compléter, dans sa lettre du 14 mars 1888, les précieux renseignements que renferme son lumineux rapport.

« La pièce, commune par elle-même, comme plaque à boucle adhérente, dont j'ai trente spécimens dans ma collection, est, jusqu'alors, UNIQUE par cet assemblage d'une fabrication du VIᵉ siècle avec une inscription qui tient du *préhistorique*. Cela ne s'est jamais rencontré que je sache et je vous félicite de la faire reproduire par la photographie ; c'est fort intéressant.

« Parmi mes collègues de vendredi, se trouvait le savant le plus distingué pour la lecture de cette sorte de gravure, M. Emile Rivière, connu par la découverte de l'*Homme fossile de Menton,* qu'il a offert au Muséum. C'est lui qui a tracé la boucle dessinée que je vous ai envoyée, en indiquant les croix qui rappellent celles dites : *Swastika.* C'est lui aussi qui a tracé la forme des pointillés avec lesquels la gravure a été opérée et qui offrent certaines analogies avec les nombreux cahiers de dessins relevés par lui dans les grottes et sur les rochers. »

M. Emile Rivière ajoute dans une note complémentaire :

*que les pointillés de la boucle du Graras présentent
quelques analogies avec le pointillé des gravures trouvées sur les rochers du Val d'Enfer (Italie). Mais ce
pointillé est un peu plus allongé (1).*

Nous savons que les monuments mégalithiques, dolmens et menhirs, sont parfois ornés de sculptures ou
plutôt de gravures en creux. Ce sont des godets qu'on
a désigné sous le nom d'écuelles ou cupules et diverses
combinaisons de lignes.

Ces gravures sont-elles simplement de l'ornementation
ou bien sont-elles symboliques? La question n'est pas
encore résolue.

Le dolmen de l'allée couverte de Gavr'inis offre des
glyphes taillés grossièrement à la pointe sur des surfaces
brutes, qui présentent des vermiculations à peu près
concentriques, des zig-zags, des lignes brisées parallèles,
le tout, tantôt couvrant entièrement la surface, tantôt
paraissant former des séries ou des divisions plutôt capri-
cieuses que combinées.

Est-ce là une simple décoration ?

M. Seidler voit dans quelques signes du dolmen de
Petit-Mont, à Arzon (Morbihan), des lettres de l'alphabet
libyque.

Nous lisons dans la brochure qui nous fut envoyée, en
1869, par M. Henri Martin, les lignes suivantes :

« Au fond de la grotte du sanctuaire du mont Ballancourt (Seine-et-Oise) est creusé un petit bassin ovale, et,
dans le fond, sont gravés profondément des espèces de

---

(1) Emile Rivière: Note et dessin ajoutés au Rapport de M. F.
Moreau.

caractères, qui ne sont certainement pas des lettres, pas des caractères oghamiques, qui ne sont pas non plus identiques aux variétés d'hiéroglyphes des *dolmens* bretons et irlandais, mais qui ne sont pas davantage, sans doute, tracés au hasard, ni dépourvus d'un sens symbolique (1). »

D'après la planche IV — *Graffiti de la grotte de Ballancourt* — nous voyons que, de même que pour la boucle du Gravas, toutes les lignes sont droites et toutes les figures anguleuses, comme dans les anciennes écritures celtiques d'Irlande et de Galles.

Enfin, la roue solaire, autrement dit la croix gammée (2) ou *Swastika* — *swasti,* bonheur — dessinée sur la boucle du Gravas, est un emblème religieux essentiellement oriental. Le bouddhisme a dû l'emprunter à quelque culte encore plus vieux. Elle représentait chez les Indous une figure mystérieuse, qui semble formée de trois gammes réunies par le pied et qui se trouve au commencement ou à la fin de beaucoup d'inscriptions. Radiaires ou fulgurantes, ces représentations du soleil sont parfois entourées d'étoiles sans nombre. Partie de l'Inde pour rayonner sur le monde, le Swastika se transforme en croix pattée assyrienne, croix ansée égyptienne et autres.

La croix aux bras coudés, signe sacré de la grande race aryenne, la mère commune des peuples indo-européens, est aussi la première forme affectée par la croix chrétienne dans les catacombes, chez les Francs, chez les Scandi-

(1) Henri Martin : *Le Sanctuaire du Mont de Ballancourt (Seine-et-Oise)*. Besançon, 1869.

(2) Gammée se dit d'une croix dont les quatre branches égales représentent quatre gammes.

naves, dans les pays russes et ailleurs. Son universalité est remarquable, car on la retrouve également chez les Indous, les Persans, les Hittites, les Pélasges, les Celtes, les Germains, les Chinois, les Japonais, les Américains.

Depuis les temps préhistoriques les plus reculés, tantôt simple, tantôt cantonnée de quatre points, la croix gammée est reproduite sur tous les objets d'origine aryenne. Selon M. G. de Rialle, le mystérieux Swastika serait l'image de la foudre que le puissant Indra lance sur ses ennemis. Emblème du soleil tournant dans l'espace pour répandre lumière et chaleur, ce signe naïf de la puissance suprême semble apparaître en Europe dès la plus haute antiquité.

Il est curieux de constater, par les dessins de la boucle du Gravas, qu'il existait encore dans le monde barbare des coutumes qui avaient suivi le peuple qui a construit les dolmens. En outre, les inscriptions, gravées sur cette boucle, sembleraient prouver l'ignorance de l'ouvrier du VIe siècle, qui imitait probablement les caractères antiques sans en comprendre la signification.

M. Alfred Darcel, l'habile directeur du Musée de Cluny, nous informe que l'ornementation de la boucle du Gravas lui est complètement inconnue.

Enfin, dans les galeries mérovingiennes que renferme le Musée de Saint-Germain et que nous avons étudié avec le plus grand soin, nous n'avons rien trouvé qui se rapproche du style de l'agrafe de Gaillac.

A présent passons à l'étranger.

Les Anglo-Saxons de la Grande-Bretagne, décrits par MM. Wylie, Davis, Akerman, Thomas Wright, Néville,

Roach Smith, etc... n'ont gravé aucune boucle semblable à celle du Gravas.

M. Hellier Gosselin, le savant secrétaire de l'*Institut Royal d'Archéologie de la Grande-Bretagne et de l'Irlande,* nous écrit que cette agrafe a beaucoup de parenté avec celle des *temps mérovingiens,* mais que son ornementation est, en effet, très barbare.

Le docteur Lindenschmit, l'éminent directeur du Musée central de Mayence, qui est si versé dans l'archéologie franque, nous affirme que cet objet appartient à l'*époque mérovingienne,* mais qu'il n'a jamais rencontré dans les nombreux cimetières qu'il a fouillés en Allemagne une ornementation semblable.

Les ouvrages de von R. Wihelmi, de von Dürrich et Wolfgand Menzel, de von Johann Karl Bahr, de von professor Dudik, ne mentionnent aucun bijou ressemblant au nôtre.

Il en est de même pour le Luxembourg et la Belgique, ce berceau de la monarchie mérovingienne. Les livres de del Marmol, de Schayes, d'Hagemans, de Namur sont muets sur la sculpture du Gravas.

Les Mémoires de la *Société Royale des Antiquaires du Nord* que nous avons sous les yeux, le *Catalogue du Musée Royal de Copenhague,* dû à la plume savante de M. Worsaae, les *Mémoires de la Société pour la conservation des Monuments historiques de Christiania,* etc., ne renferment aucun dessin imitant même de loin ce genre de décoration.

Les travaux des archéologues de la Suisse, tels que ceux de Troyon, de Bonstetten, Gosse, etc., sont unanimes à proclamer que les dessins de la boucle de

Gaillac n'ont jamais été rencontrés dans les tombeaux burgondes.

Ainsi donc, les artistes Saxons, Burgondes, Francs, Bavarois, Allemands, Visigoths et Scandinaves n'ont produit aucun objet d'art similaire à l'ornementation de l'agrafe du Tarn. Il faut bien en conclure que la boucle du ceinturon du guerrier franc du Gravas s'est montrée jusqu'à ce jour, UNIQUE, dans le vaste empire des Barbares, qui recouvrit en Europe la civilisation romaine.

2° PLAQUE CARRÉE.

La petite plaque carrée, qui servait de terminaison au ceinturon, mesure 4 centimètres de longueur. Elle est percée de deux trous qui étaient destinés à la fixer au ceinturon au moyen de clous.

La photographie que nous donnons ci-contre nous dispense d'en faire une étude minutieuse. Nous dirons seulement que l'artiste, sous les traits d'un personnage élevant les mains au Ciel et placé au milieu de croix à fiche, a eu l'intention d'y représenter *Daniel dans la fosse aux lions.* C'est donc une grossière imitation des agrafes burgondes sur lesquelles sont gravées le même sujet biblique.

Cette jolie petite plaque est en cuivre et étamée; mais les ornements ont été gravés en creux et au burin avant l'étamage.

Nous savons que tous les métaux ont été mis à contribution par les peuplades barbares pour confectionner leurs boucles et agrafes. On en trouve en or, en argent, en bronze, en cuivre, en fer. Les Germains avaient aussi l'alliage du cuivre, de l'étain et de plomb pour tous

3

leurs ustensiles. Mais l'étain devenant rare et cher, on le remplaça complètement par du plomb. Pour faire briller aux yeux cet alliage de mauvaise qualité, on avait soin d'étamer les objets. Ce dernier procédé fut inventé par les Gaulois. Comme on le voit, plus on étudie à fond l'antiquité, plus on reste convaincu que les anciens sont nos maîtres sur bien des points de la technologie.

A ces découvertes industrielles se joint un goût bizarre d'ornementation, une imitation grossière d'animaux réels ou fantastiques, un style sauvage, production d'une nature brute et originale où tout s'éloigne des modèles romains. Souvent, les sculpteurs mérovingiens s'appliquaient à reproduire certains sujets symboliques, des animaux, des arbres, qui avaient été symbolisés par les Pères de l'Eglise. C'est ainsi que nous trouvons sur leurs tombeaux *apparents* toute la symbolique chrétienne du V° siècle.

OPINION

DE PLUSIEURS ARCHÉOLOGUES FRANÇAIS SUR L'OBJET EN BRONZE DE FORME CARRÉE DU CIMETIÈRE DU GRAVAS.

« C'est ce qu'on appelle : *appendice carré*. Ornement de ceinturon faisant suite à la plaque. Peu commun.

« La plaque soumise aujourd'hui à l'examen des archéologues n'a aucun rapport avec la boucle. La matière n'est pas la même.

« Quoique d'un style presque aussi barbare que la boucle, elle a cependant un peu plus d'apparence artistique. C'est une grossière imitation des plaques burgondes représentant *Daniel dans la fosse aux lions,* dont un riche spécimen a été représenté par M. de Caumont dans son *Abécédaire* ou *Rudiment d'Archéologie* (partie religieuse, page 51, 1854) et plus tard reproduite par la photogravure par M. Alexandre Bertrand dans la *Revue Archéologique* de 1879.

Noms des archéologues ayant pris part à cette étude :

Emile Rivière ;

C. Millescamps ;

I. Pillois ;

Dupuis,

Et votre tout dévoué collègue, Frédéric Moreau père. »

Ainsi donc, d'après le savant archéologue de l'Aisne et ses collègues, les ornements de la plaque du Gravas ne seraient point des imitations, mais des transformations, presque des caricatures, comme on en trouve chez les monétaires qui successivement transformaient les profils des empereurs romains, d'abord en caricatures, puis ensuite en *boules,* où *deux traits* figuraient la bouche et le nez.

M. Frédéric Moreau pense que la plaque du Gravas appartiendrait au VIII⁰ siècle, car les croix à fiche qu'on y voit viennent à l'appui de cette opinion.

M. de Caumont s'exprime en ces termes : « Dans plusieurs collections j'ai trouvé exécuté, sur des agrafes en bronze, un sujet qui n'est autre que la représentation de *Daniel dans la fosse aux lions,* ainsi que le prouve l'agrafe ci-jointe, qui porte l'inscription suivante :

DANIEL PROFETA-ABACV PROFETA.

Ajoutons que la gravure de l'agrafe de Mâcon porte sur sa face principale un personnage, les bras élevés entre deux quadrupèdes qui lui lèchent les pieds, et plus loin un personnage, les bras élevés comme celui qui est dessiné sur la plaque du Gravas. Cela prouve, si l'on pouvait en douter, que ces objets appartiennent à l'époque mérovingienne.

Consulté à son tour, sur cette importante question, M. Lindenschmit nous prévient « qu'il se rappelle avoir vu, il y a longtemps, quelques boucles qui se trouvent dans le Musée de Lausanne (Suisse) et qui ont été trouvées à Sévery. Sur la surface de ces boucles est posée une figure humaine avec les bras élevés, entre deux lions qui se tiennent debout. » (Lettre du 10 mai 1888.)

Voici ce que nous lisons à ce sujet dans l'important ouvrage qu'a publié M. Frédéric Troyon, de Lausanne, en 1868 (1) :

« Les agrafes burgondes de Sévery, de Montgifi, près Cossonay, et de Lavigny ont pour sujet un homme les bras élevés entre deux quadrupèdes qui lui lèchent les pieds. L'un rappelle par son inscription le vœu fait à *Nasualdus Nansa* qu'il soit chrétien et qu'il jouisse avec bonheur de cette agrafe qu'il paraît avoir reçue en don.

NASALDVS NANSA VIVAT. DEO.
VTERE FELEX DANINIL.

Le dernier mot révèle que le sujet de ces pièces est le prophète *Daniel dans la fosse aux lions*.

Ce fait archéologique ne prouverait-il pas qu'au VIIIe siècle la ville franque de Gaillac reçut dans son sein une famille de Burgonde, peuplade qui avait pour capitale Lyon et Genève ? Ce n'est qu'une conjecture, il est vrai, mais qui semble atteindre la certitude d'un fait historique.

(1) Monuments de l'antiquité dans l'Europe barbare, p. 583.

PERLE EN VERRE DU GRAVAS.

La perle du Gravas est en verre fusible jaune, très clair,
et sa partie supérieure imite une étoile à six branches.
(Voir photographie.) Elle est, par conséquent, semblable
à celle que nous recueillîmes, en 1859, dans le cimetière
mérovingien de la Bosse, près Labruguière (1).

Cette perle est identique à celles qui ornaient le beau
collier rencontré par M. l'abbé Cochet dans le cimetière
franc d'Envermeu (Seine-Inférieure) (2).

L'usage des perles, des colliers et des bracelets en perle
était général dans le monde romain, comme au temps des
barbares ; aussi toutes les fouilles des cimetières le procla-
ment-elles avec une touchante unanimité.

Les auteurs anciens nous enseignent que les perles étaient
très recherchées par les dames romaines du Bas-Empire,
car Trebellius Pollion raconte le grand commerce que
l'on faisait de son temps des *Gemmas vitreas, bullas
vitreas (3).*

Papinien constate qu'une femme prit la peine d'écrire
dans son testament qu'elle voulait être inhumée avec son
collier à deux tours de perles : « *Lineas duas ex marga-
ritis (4).* » Des saintes martyres, représentées dans les
catacombes et copiées par M. Perret, portent au cou des
colliers de perles comme nos franques du Tarn. La
numismatique nous montre des perles autour du cou des

(1) Alfred Caraven-Cachin : *Sépul. gaul. rom. et franq. du Tarn*, p.
145, 1873.

(2) L'abbé Cochet : *La Normandie souterraine*, 2ᵐᵉ édition, pl. X, f. 4.

(3) Trebell. Pollio. : De *Gallieno.* — Claud. : *Epigram. de Crystallo.*

(4) Papin. : De *Servo alieno*, 113. — De *Legatis*. 1.

descendants de Clovis et l'hagiographie en pare également le cou de la bergère de Nanterre.

Les découvertes archéologiques proûvent autant que les textes qu'aux époques romaine et mérovingienne les personnes de toutes conditions portaient des colliers et des bracelets de perles. Citons quelques exemples :

A Bénouville, M. Durand a trouvé dans une fosse plusieurs boules de verre (1).

A Coulie, où s'est rencontrée une femme avec son enfant, on a trouvé un collier formé de dix perles (2).

M. Wylie a reproduit une magnifique collection de perles extraites des tombeaux saxons de Fairford (3) et M. Smith cite une foule de perles de verre rencontrées dans les sépultures saxonnes de la Grande-Bretagne.

M. Lindenschmit a trouvé aussi des perles de verre en Allemagne (4).

M. Namur cite des perles dans les tombes gallo-franques du duché de Luxembourg (5).

M. Troyon mentionne les beaux colliers de perles des tombeaux de Bel-Air (Suisse) (6).

PERLE GODRONNÉE DU GRAVAS.

La seconde perle est en verre bleu, percée et godronnée sur sa surface. Sa grosseur est celle d'une

(1) *Mém. de la Soc. des Antiq. de Norm.*, t. XII.
(2) De Caumont : *Cours d'Antiquités monumentales*, t. VI, pp. 262-67.
(3) *Fairford graves, plate* IV.
(4) *Das Germanische todtenlager*, etc., pl. n° 5, 10, 11.
(5) *Public. de la Soc. de Luxembourg.*, t. VIII, pp. 38 à 59, f. 11, fig. 7 à 19.
(6) *Description des Tombeaux de Bel-Air*, p. 4.

noisette : son poids est de 6 grammes. Sa nuance est verte, couleur de l'oxyde de cuivre ; sa teinte rappelle beaucoup celle des scarabées égyptiennes. (Voir la photographie.)

Nous avons recueilli une perle semblable dans les sépultures franques découvertes à la Bosse, près Labruguière, en 1859 (1).

Des perles en verre ou en pâte de verre, comme celle dont nous parlons, ont été trouvées, en 1846, par M. de Formeville dans le cimetière à ustion de Lizieux (2).

Caylus en découvrit en 1751 à Choisy, près Paris, dans un tombeau du IV° siècle (3).

M. l'abbé Cochet en a ramassé de pareilles à Ouville-la-Rivière, en 1854 (4), à Londinières, ainsi que dans une urne romaine, trouvée en 1856 à Saint-Martin-en-Campagne (5).

M. de Bonstetten, dans son bel ouvrage sur les *Antiquités de l'Helvétie*, reproduit un collier de 10 perles de verre, vertes et godronnées comme la nôtre (6).

Enfin, M. Troyon, de Lausanne, en a rencontré parfois dans les ruines romaines de la Suisse ; mais il en a trouvé beaucoup plus fréquemment dans les tombes Helvéto-Burgondes de la période mérovingienne.

La perle bleue côtelée est donc commune chez les

(1) Alfred Caraven-Cachin : *Loc. cit.*

(2) *Mém. de la Soc. des Antiq. de Norm.*, t. XVII, p. 288.

(3) *Recueil d'Antiq. égyp. étrusq. rom. et gaul.*, t. III, pl. 102, fig. 1.

(4) L'*Athæneum français* de 1851, p. 611. — L'abbé Cochet : *La Normandie souterraine*, 2me édit., p. 437. — *La Seine-Inférieure hist. et arché.*, p. 87.

(5) L'abbé Cochet : *Sépul. gaul. rom. franç. et norm.*, pp. 64, 135, 136. — La Seine-Inf. hist. et arch., p. 153.

(6) *Recueil d'Antiq. suisses*, p. 17, in-folio. Berne, 1855.

Romains et les Francs. Elle était par conséquent d'un usage général dans notre vieille Gaule. Ce qui n'est pas moins surprenant, c'est que quelques-unes paraissent déjà à côté des momies égyptiennes. Cette analogie de forme et de teinte à des époques et dans des contrées si distantes les unes des autres doit faire remonter l'invention de cet art à une haute antiquité. Cependant il se répand assez tard en Europe, sans qu'on puisse dire de quelle partie de l'Asie il a été importé.

Nous pensons que notre perle du Gravas, de même que celle de la Normandie, est formée d'une pâte composée de silicate de potasse colorée par l'oxyde de cuivre, ce qui en fait un véritable émail, tellement dur qu'il raie le verre au point de le couper et qu'il est à peine attaquable par la lime.

Etablissement du Christianisme
dans la vallée du Tarn.

La population franque qui plaçait ses morts sur la déclivité de la petite colline du Gravas professait de bonne heure le christianisme ; aussi l'armure du guerrier porte l'empreinte de sa foi nouvelle.

Le prophète Daniel dans la fosse aux lions, gravé sur une terminaison de ceinturon d'un soldat franc de Gaillac et reproduit dans les catacombes de Rome à côté de l'arche de Noé sur les tombeaux des premiers chrétiens, paraît faire allusion à quelque délivrance miraculeuse. Comme Daniel, menacé par les hommes et sauvé de Dieu, le christianisme sort vainqueur de la lutte ; comme ces lions qu'on voit léchant les pieds du prophète, ceux qui sem-

blaient devoir repousser la religion divine du Christ
l'embrassent à leur tour. Cependant, par la représentation
même de ce triomphe, des traces de l'ancien art et de
l'ancien culte sont conservées, tandis que les inscriptions
qui accompagnent quelques-uns de ces sujets commencent
à s'éloigner des caractères latins et à se ressentir de
l'approche du moyen âge.

Nous avons également constaté des traces d'idolâtrie
dans les fragments de verroterie qui paraissent avoir été
placés primitivement dans les cercueils.

M. Troyon, de son côté, a rencontré de petits fragments
de verroterie et de poterie qui avaient été déposés inten-
tionnellement dans les tombes Helvéto-Burgonde de Bel-
Air, près Lausanne, et qui datent du V° au IX° siècles.
Le célèbre antiquaire suisse a constaté que, de nos jours,
dans certaines vallées alpestres, on place encore dans
les cercueils des morceaux de verre et de poterie avec
la pensée que c'est un moyen de préserver le corps du
défunt des atteintes du démon.

Nous avons encore trouvé au Gravas un éclat de silex
qui devait avoir été placé près du mort, faisant ainsi
allusion à l'étincelle de vie qui doit un jour ranimer ses
restes mortels.

En 1863, nous recueillîmes un éclat de silex dans les
incinérations gallo-romaines du Ier siècle, découvertes à
Sainte-Foy, près Castres, qui prouvaient que nos anciens
pères croyaient fermement à l'immortalité de l'âme, dogme
sublime qui enfanta une race de héros et de martyres (1).

(1) Alfred Caraven-Cachin : *Sépul. gaul. rom. et franq. du Tarn,*
1873, p. 40.

Les tombeaux de Bel-Air ont donné à M. Troyon des silex avec des briquets qui avaient le même symbole (1).

Les idées superstitieuses qui se rattachaient à ces silex s'expliquent d'autant mieux que la pierre a été longtemps réservée comme matière sacrée pour les instruments du culte.

Ainsi donc, nous constatons, dans le cimetière du Gravas, que les symboles païens passent dans le culte chrétien. Ces traditions montrent la substitution de l'ancienne foi à la foi nouvelle : aussi, on peut dire, sans exagération, qu'il y a eu fusion autant que conversion. C'est sous l'heureuse influence du christianisme que les sépultures se groupent en cimetières. Plus de dolmens, plus de sacrifices sanglants. Mais la rupture avec les anciennes mœurs ne peut cependant être complète ; aussi, le guerrier emporte encore ses armes dans la tombe, l'artisan les instruments de sa profession, le magistrat les symboles de sa charge, la femme ses ornements et l'enfant ses bijoux.

RÉSUMÉ ET CONCLUSION.

De tout ce qui précède, nous croyons pouvoir conclure et nous espérons bien que le lecteur conclura avec nous que le cimetière du Gravas appartient à l'*époque franque mérovingienne* et même que cette nécropole a été occupée *du VIe au VIIIe siècle de notre ère.*

Ces tombeaux, leur architecture, leur orientation, les bijoux qu'ils renferment, trahissent la plus grande époque

(1) *Les Tombeaux de Bel-Air, près Lausanne.*

de notre histoire nationale qui est restée si méconnue, si peu explorée et si mal interprétée jusqu'à nos jours. Elle est pourtant la base de notre nationalité, le point de départ de notre existence actuelle, notre premier pas fait dans cette voie chrétienne qui caractérise le moyen âge de la France et de l'Europe féodale.

Après 1.400 ans d'un impardonnable oubli, les Francs du Gravas, réveillés dans leur sommeil éternel, ont soulevé la pierre du sépulcre et, dans leur langage éloquent, sont venus hautement affirmer l'existence de la ville de Gaillac pendant cette période de notre histoire où, comme le dit le chroniqueur Frédégaire, l'aride continuateur de Saint-Jérôme, d'Idace, d'Isidore de Séville, de Grégoire de Tours, « *le monde vieillit et l'aiguillon de l'intelligence s'énerve en nous,* » époque d'obscurités et de ténèbres, qui durera jusqu'à l'avènement de Charlemagne.

Si le lieu du Gravas est l'emplacement du *Gaillac-mérovingien*, le *Gaillac-romain* était situé au N.-O. du dortoir des Francs, comme nous espérons pouvoir le démontrer plus tard. Carrée à peu près, comme toutes les villes romaines, l'assiette de la station antique de *Galliacum* nous paraît devoir se renfermer dans un espace de 600 mètres environ, partant du ruisseau du Viars et allant aboutir à la route d'Albi à Toulouse.

Ce serait au IXe ou Xe siècle que la population se groupa autour du monastère de Saint-Michel que les moines de l'ordre de Saint-Benoît venaient d'élever au bord du Tarn.

Depuis environ deux siècles que la science historique essaie de reconstruire l'ancienne Gaule, elle avait à peu près échoué pour fixer l'emplacement certain de l'antique *Galliacum,* car il ne faut pas perdre de vue que l'histoire ne nous a pas tout révélé sur les temps passés : ce qu'elle nous a dit, elle nous l'a transmis d'une façon souvent obscure et voilée, toujours incomplète ; aussi, il appartenait à l'archéologie seule, qui sonde le cœur du passé, de trancher un nœud aussi compliqué. Dans ces questions ardues que pose la science moderne aux investigations des érudits, l'archéologie devient notre guide unique pour les résoudre : de même que dans la période mythique elle seule peut fournir un point d'appui solide autour duquel viennent se grouper les éléments réels contenus dans les fables antiques.

Salvagnac (Tarn), le 4 juillet 1890.

Alfred CARAVEN-CACHIN,

Lauréat de l'Institut de France.

(Extrait du *Mémorial de Gaillac.*)

BIBLIOGRAPHIE TARNAISE

M. Alfred CARAVEN-CACHIN

LISTE DE SES PRINCIPAUX OUVRAGES

Histoire naturelle. — Archéologie. — Histoire.

I. OUVRAGES.

Sépultures gauloises, romaines et franques du Tarn, 1 vol. in-8 avec planches. — Castres, 1873.

Le Tarn et ses Tombeaux, suivi de l'histoire et de la géographie de cette province sous la domination romaine, 1 vol. in-8 avec planches. — Paris, 1873.

Etude sur les Prairies naturelles et les Plantes fourragères du département du Tarn, 1 vol. in-8 avec tableaux. — Castres, 1878.

II. CARTE.

Carte archéologique du département du Tarn, aux époques antéhistorique, gauloise, romaine et franque. — Castres, 1867.

III. BROCHURES.

1° Zoologie.

1° Histoire naturelle du département du Tarn :

1re Partie : Mammifères. — Castres, 1868.

2e Partie : Oiseaux. — Castres, 1869.

3e Partie : Poissons. — Castres, 1887.

4e Partie : Mollusques. — Castres, 1861.

2° Note sur des Œgagropiles. — Castres, 1865.

3° Découverte du *Bullimus decollatus* dans le Tarn. — Castres, 1877.

4° Découverte de l'*Helix Pomatia* dans le Tarn. — Albi, 1878.

5° Découverte de l'*Anguis Fragilis* à Castres. — Castres, 1878.

6° Morsure d'une vipère suivie de mort. — Castres, 1882.

7° Etude sur le Tenia ou ver solitaire de l'homme. — Castres, 1882.

8° Note sur une nouvelle Epidémie qui sévit sur les canards domestiques, observée dans les environs de Castres. — Castres, 1885.

9° Note sur un Lézard vert à deux queues rencontré à Castres en 1879.

10° Les Oiseaux des hivers rigoureux. — Castres, 1880.

11° Sur une nouvelle Maladie des oies domestiques, observée dans le Tarn. — Castres ,1881.

2° Botanique.

12° Tentative d'acclimatation du *Gossypium herbaceum*, cotonnier herbace, dans le pays Castrais. — Castres, 1862.

13° Résumé des résultats obtenus pendant l'année 1863, sur la Culture du Cotonnier herbacé dans le Tarn, l'Aude, l'Hérault et la Haute-Garonne. — Castres, 1864.

14° Lettre de M. J. Vallier, rapporteur de la commission des cotons, à la Société d'agriculture d'Alger. — Castres, 1864.

15° Cactées : — Le *Cereus peruvianus*. — Castres, 1864.

16° Le *Lepidium rurale*, suivi de quelques observations de M. A. Boreau, directeur du jardin des plantes d'Angers. — Castres, 1864.

17° Herborisations à Molitg (Pyrénées-Orientales). — Castres, 1865. — Souvenir des Pyrénées-Orientales. — Castres, 1866.

18° Etude sur la Camomille au point de vue médical. — Castres, 1866.

19° La Vigne et le Cépage Bouschet. — Castres, 1867.

20° La Pervenche. — Castres, 1867.

21° Découverte de la *Tulipa Oculus-Solis*, à Lautrec. — Castres, 1877.

22° Note sur l'apparition et l'extinction de quelques Végétaux dans le Tarn. — Castres, 1877.

23° Catalogue des Espèces végétales rares ou nouvelles, observées dans le Tarn, pendant l'année 1880. — Castres, 1881.

24° Catalogue des Plantes médicinales, pharmaceutiques, tinctoriales, industrielles et commerciales du Tarn. — Castres, 1881.

25° Les nouvelles Plantes du Tarn. — Castres, 1881.

26° Etudes sur quelques espèces qui ont été mal déterminées par M. de Martrin-Donos. — Castres, 1881.

27° Le *Gomphocarphus fructicosus*. — Castres, 1881.

28° Le *Physalis alkekengi*. — Castres, 1881.

29° La *Morille commune*. — Castres, 1881.

30° Le Climat du Tarn. — Castres, 1881.

31° Les Plantes nouvelles du Tarn. — Castres, 1881.

32° Empoisonnement par les graines de l'*Euphorbia lathyris* et nouvelles expériences sur leur usage thérapeutique. — Paris, 1881.

33° la Trufficulture dans le Tarn. — Castres, 1882.

34° Une Excursion botanique à Lagrave. — Castres, 1882.

35° Flore romano-castraise. — Castres, 1883.

36° Les Plantes rares de Trébas. — Castres, 1884.

37° Les Plantes nouvelles du Tarn. — Albi, 1884.

38° Géographie botanique du Tarn. — Albi, 1885.

39° Le Safran albigeois. — Albi, 1886.

3° *Agriculture.*

40° Formation des Prairies ligneuses. — Castres, 1878.

41° Le Gribouri et la Maladie de la vigne dans le Tarn. — Castres, 1878.

42° Ampélographie du Tarn. — Castres, 1879.

4° *Géologie, Minéralogie et Paléontologie.*

43° Théorie nouvelle sur la Superposition des Roches tertiaires du pays Castrais. — Castres, 1864.

44° Du Terrain Post-Pliocène dans le Tarn. — Castres, 1864.

45° Découverte d'un Fragment de Mâchoire de *Lophiotherium,* à Castelpers. — Castres, 1864.

46° Découverte de Dents de *Crocodillus Rollinati* et d'écailles de tortues, à Castelpers. — Castres, 1864.

47° Note sur les Alluvions d'Arifat et d'Augmontel. — Castres, 1864.

48° Etude géologique du Sidobre. — Castres, 1865.

49° Note sur des Géodes renfermant des couleurs minérales à base d'oxyde de fer, découvertes à Sorèze. — Castres, 1866.

50° Note sur les Schises de Vabre renfermant des cristaux de carbonate de chaux, découverts en 1866. — Castres, 1866.

51° Découverte d'une Mine de fer sulfuré à Labastide-Rouairoux. — Castres, 1868.

52° L'Eléphas primigénius a coexisté avec l'homme dans le Tarn. — Castres, 1869.

53° Etude géologique du Sidobre (2ᵐᵉ édition). — Castres, 1878.

54° Note sur un Tibia de pachyderme appartenant au genre *Equus,* recueilli dans les sables de Saïx. — Castres, 1877.

55° Les Tourbes de Castres et leur flore. — Castres, 1878.

56° Les Cristaux de chaux carbonatés de Burlats. — Castres, 1878.

57° Les Cristaux de plomb carbonaté de la vallée du Dadou. — Castres, 1878.

58° Découverte de Rognons de péroxyde de manganèse dans les alluvions de Castres. — Castres, 1879.

59° Faune fossile des environs de Castres. — Castres, 1879.

60° Découverte d'une Tête de *Crocodillus Rollinati*, à Castres. — Castres, 1879.

61° La Fontaine ferrugineuse de la Mengavarié. — Castres, 1880.

62° Les Mines et les Mineurs gaulois dans le Tarn. — Castres, 1880.

63° Invasion des Glaciers à Castres. — Castres, 1880.

64° De l'Ancienneté de l'*Elephas primigenius* dans le Tarn. — Castres, 1880.

65° De l'Ancienneté de l'*Elephas primigenius* dans le bassin sous-pyrénéen. — Castres, 1880.

66° Découverte d'Ossements fossiles dans les Alluvions du Tarn. — Castres, 1880.

67° Les Poudingues de Montfanet. — Castres, 1881.

68° Faune fossile des Terrains Quaternaires du Tarn. — Castres, 1881.

69° Les Mines de plomb argentifère de Peyrebrune. — Castres, 1881.

70° Découverte du Gypse dans les couches du Terrain Tertiaire du Tarn. — Castres, 1881.

71° Le Marbre d'Hautaniboul, près Arfons. — Castres, 1882.

72° Les Tourbes de Lafenasse et leur Flore. — Castres, 1882.

73° Découverte d'un nouveau Mammifère fossile dans les grès de Castres. — Castres, 1883.

74° Le grand Ours des Cavernes a habité le Tarn. — Castres, 1883.

75° Sur l'*Anthracotherium magnum* découvert à Castres. — Castres, 1883.

76° Les Terrains Tertiaires du Tarn. — Castres, 1884.

77° Les Gorges du Viaur. — Castres, 1885.

78° Découverte de la *Célestine*, à Graulhet. — Paris, 1885.

79° La Limonite de la plaine de Gaillac. — Castres, 1885.

80° Découverte d'une Mâchoire d'*Acotherulum saturninum*, à Lautrec. — Castres, 1886.

81° Le *Prodremotherium elongatum* dans les Phosphates du Tarn. — Castres, 1886.

82° Découverte d'Ossements fossiles dans les Lignites de Cestayrols et de Fayssac. — Albi, 1886.

83° Age du Soulèvement de la Montagne-Noire. — Paris, 1887.

84° Note sur un Essaim météorique, tombé aux environs de Montpélegry et de Grazac, le 10 août 1885. — Paris, 1887.

85° Observations sur la Météorite de Grazac; type charbonneux nouveau qu'elle présente. — Paris, 1887.

86° Fossiles des phosphates de Saint-Vergondin. — Albi, 1887.

87° Le Poudingue de Palassou sur le versant Sud-Ouest du Plateau Central, avec planche. — Paris, 1889.

88° L'Homme tertiaire devant la Science. — Albi, 1890.

89° De l'âge des Conglomérats tertiaires du Tarn et de l'Aude. — Limoges, 1891.

90° Etude sur les argiles rutilantes Lutétiennes du Tarn. — Limoges, 1891.

91° Descriptions des argiles rutilantes Bartoniennes du Tarn. — Limoges, 1891.

5° *Préhistorique*.

1° AGE CHELLÉEN.

92° Répertoire archéologique du département du Tarn, pen-

— 51 —

dant les Temps préhistoriques et protohistoriques. — Castres,
1882.

93° Découverte d'une Station humaine de l'Age chelléen, à
Bélcilles. — Albi, 1883.

94° Les Découvertes de Grazac. — Albi, 1887.

2° AGE MOUSTÉRIEN.

95° Découverte de deux Stations humaines de l'Age de la
pierre taillée et de l'Age de la pierre polie, dans la Caverne de
Roset. — Albi, 1888.

96° La Grotte de Roset. — Paris, 1889.

3° AGE SOLUTRÉEN.

97° Les Pointes solutréennes du Tarn. — 1890.

4° AGE MAGDALÉNIEN.

98° Recherche sur l'*Homme fossile* ou *Mémoire sur une
ancienne Station humaine*, découverte le 14 octobre 1862
dans la Caverne de Bruniquel (Tarn-et-Garonne). — Castres,
1863. — 2ᵐᵉ édition, Castres, 1865.

5° AGE ROBENHAUSIEN.

99° Note sur un Fragment de Tête de flèche en silex, découverte par M. de Barreau de Muratel aux Granges-Neuves, près
Arfons. —Castres, 1869.

100° La *Peyro-Estampo* ou le Dolmen de la Récuquelle. —
Castres, 1887.

101° Note sur une *Tête de flèche en silex*, découverte près de
Lautrec. — Castres, 1880.

102° Un *Casse-Tête* de la Pierre polie. — Castres, 1881.

103° Les Stations Robenhausiennes de Lisle et de Salvagnac.
— Castres, 1883.

104° Le Souterrain-Refuge de Colombaillet. — Albi, 1883.

105° Le Souterrain de Montclar (Tarn-et-Garonne). — Albi, 1888.

106° Découverte d'un *Poignard* en silex de la Pierre polie aux Barrières. — Albi, 1889.

107° Le Souterrain de Cantalose et son caveau funèbre. — Albi 1889.

6° AGE DE BRONZE.

108° La Hache en bronze de Roquefort. — Castres, 1878.

109° La Hache en bronze de la Rose, près Graulhet. — Castres, 1881.

6° *Archéologie et Histoire.*

7° AGE DE FER.

110° Monnaies gauloises en argent, recueillies à Saint-Amans-Valtoret. — Castres, 1865.

111° Les Gaulois de Roquecourbe, près Castres. — Castres, 1867.

112° Les Gaulois connaissaient-ils le fer? — Castres, 1869.

113° Découverte d'un Temen-Eglise ou Enceinte consacrée dans l'ancienne Province des *Civitates Armoricæ*, sur le territoire des Redones, le 9 mars 1871. — Castres, 1872.

114° Découverte du *Tumulus* du Castelet, près Castres. — Castres, 1878.

115° Le Trésor de Lasgraïsses (Tarn). — Albi, 1885.

116° L'Amérique a-t-elle été découverte par les Phéniciens? — Castres, 1887.

8° *Epoque romaine.*

117° Description des Monnaies romaines trouvées dans les environs de Castres. — Castres, 1862.

118° Note sur une inscription que présente le fond d'un Vase découvert à Saint-Jean. — Castres, 1863.

119° Découverte d'une Station gallo-romaine à Ste-Foy. — Castres, 1864.

120° Note sur une Nouvelle station romaine découverte à Rouscayrolles par M. Mondot, vice-recteur d'Académie. — Castres, 1865.

121° Note sur une Inhumation gallo-romaine du Ier siècle, trouvée à Carbonnières. — Castres, 1866.

122° Découverte d'une Villa romaine à Labruguière. — Castres, 1866.

123° Rapport sur l'occupation romaine du Plo de Blan. — Castres, 1886.

124° Deuxième Rapport sur l'occupation romaine du Plo de Blan. — Castres, 1866.

125° Notice sur une Inhumation gallo-romaine du IVe siècle, découverte à La Landelle. — Castres, 1866.

126° Existe-t-il un *Castellum* sur les hauteurs de Valdurenque? — Castres, 1868.

127° Les Romains dans l'arrondissement de Nérac (Tarn-et-Garonne). — Agen, 1868.

128° Découvertes faites à La Fosse en 1861. — Castres, 1868.

129° Rapport sur une tournée géologique, archéologique et historique, accomplie dans le Tarn en 1869. — Castres, 1869.

130° Recherches sur le culte de *Janus bifrons* dans le Tarn. — Castres, 1870.

131° Catalogue des *Sigles figulins* découverts dans le Tarn. — Castres, 1879.

132° Les Intailles gallo-romaines de Saint-Jean. — Castres, 1879.

133° Station romaine de Belle-Rive, près Castres. — Castres, 1880.

134° Sépultures gallo-romaines du IVe siècle de Castres. — Castres, 1880.

135° Une Station romaine à Graulhet. — Castres, 1880.

136° Découverte d'une Villa romaine à la Pause. — Castres, 1881.

137° La Villa romaine de Campans. — Castres, 1881.

138° Le Culte des Génies dans le Tarn. — Castres, 1882.

139° Inhumations gallo-romaines de Péchaudier, près Lavaur. — Castres, 1883.

140° Découverte d'une Villa romaine à Convers. — Castres, 1883.

141° La Villa romaine de Beauvais. — Albi, 1883.

142° Les Romains à Salvagnac. — Albi, 1883.

143° La Verrerie romaine à Lisle-d'Albi. — Albi, 1884.

144° Découverte d'une Station romaine aux Mercadiès. — Albi, 1884.

145° Découverte d'une Station romaine à Margnac. — Albi, 1885.

146° Découverte d'une Station romaine à Montgaillard. — Albi, 1885.

9° Epoque franque.

147° Note sur trois cercueils en pierre trouvés à la Bosse, près Labruguière. — Castres, 1865.

148° Note sur vingt-deux Inhumations franques découvertes à Lacroizille, près Lavaur. — Castres, 1867.

149° A-t-il existé un Prieuré à Labruguière ? — Castres, 1865.

150° Note sur des Tombeaux mérovingiens, découverts dans les environs de Nérac (Tarn-et-Garonne). — Agen, 1868.

151° Note sur des Tombeaux mérovingiens découverts à Lavergne. — Castres, 1878.

152° Le Cimetière de l'Abbaye de Saint-Benoît de Castres. — Castres, 1878.

153° Les Origines de la ville de Castres. — Castres, 1879.

154° Recherches sur les emplacements des Eglises et des Chapelles du Consulat de Castres au XVI° siècle. — Castres, 1879.

155° Les Inhumations valésiennes de Boissezon. — Castres, 1880.

156° Les Tombeaux mérovingiens de S¹-Etienne, près Gaillac. — Castres, 1881.

157° Sainte-Sigolène et la fondation de l'Abbaye de Troclar. — Castres, 1883.

158° La Vierge du Saule de Cadalen. — Légende du IV° siècle. — Albi, 1883.

159° Les Cimetières mérovingiens de Tauriac et de Colombaillet. — Albi, 1883.

160° Les découvertes de Montvalen. — Albi, 1887.

161° Les Inhumations du Consistoire, près Rabastens. — Albi, 1887.

162° Les Origines de la Ville de Castres. — Albi, 1887.

163° Les Sarcophages capétiens de Loupiac. — Albi, 1887.

164° Le Cimetière mérovingien de Vieux. — Albi, 1888.

165° Les Origines de Gaillac. — Le Cimetière mérovingien du Gravas. — Gaillac, 1887-1890.

10° Moyen âge.

166° Note sur le Cimetière des Dominicains de Castres. — Castres, 1864.

167° Lettre sur des Tombeaux en grès du X° au XIII° siècles. — Castres, 1864.

168° Arrêt du Conseil quy authorise nos Statuts de pharmacie de la Ville de Castres. — Castres, 1864.

169° Note sur les Monnaies de Melguel. — Castres, 1867.

170° Du Clocher et de la Cloche communale. — Castres, 1868.

171º Monographie de Sᵗ-Rustice (Hᵗᵉ-Garonne). — Castres, 1870.

172º De la nécessité d'instituer à Castres une Commission archéologique et de ses Attributs. — Castres, 1868.

173º Note sur un Reliquaire en bronze. — Vienne (Deux-Sèvres), 1871.

174º Les Charniers du Tarn. — Castres, 1871.

175º Découverte d'un Tombeau renfermant la dépouille mortelle d'un moine de l'Abbaye de Sᵗ-Benoît. — Castres, 1871.

176º Note sur un Reliquaire en bronze du XVIIᵉ siècle. — Castres, 1878.

177º Découverte d'une Vervelle en bronze à Castres. — Castres, 1878.

178º Histoire de l'Eglise de Sᵗ-Jacques de Villegoudou à Castres. — Castres, 1878.

179º Les Sceaux de l'Abbaye de Sᵗ-Benoît de Castres. — Castres, 1878.

180º Histoire de l'Abbaye de Sᵗ-Benoît de Castres. — Castres, 1878.

181º Sicard de Lautrec, évêque d'Agde et de Béziers. — Castres, 1878.

182º Histoire de l'Eglise de Notre-Dame de la Platé. — Castres, 1880.

183º Les anciens Plans de Castres. — Castres, 1880.

184º Le Musée de Castres. — Castres, 1880.

185º La Verrerie et la Fabrique de Haute-Serre. — Albi, 1884.

186º Les trois Silos d'Icherie, près Salvagnac. — Albi, 1886.

11º Numismatique.

187º Une Obole du comte de Vendôme. — Castres, 1877.

188º Note sur un double Sol Parisis de Henri III, frappé à Montpellier. — Castres, 1878.

189° Monnaies trouvées à Ardorel. — Castres, 1878.

190° Note sur des Monnaies gauloises découvertes dans le Tarn. — Castres, 1879.

191° Catalogue des Monnaies impériales romaines découvertes dans le Tarn. — Castres, 1879.

192° Note sur des Bulles de plomb des papes Innocent IV et Léon X découvertes dans le Tarn. — Castres et Albi, 1879.

193° Poids de la Ville de Carcassonne. — Castres, 1879.

194° Note sur des Monnaies rares et inédites du comtat Venaissin. — Castres, 1880.

195° Les Monnaies des familles romaines de St-Jean. — Castres, 1880.

196° Denier inédit du roi Eudes. — Castres, 1880.

197° Les Monnaies d'Albi. — Castres, 1880.

198° Un Denier du Prince-Noir. — Castres, 1880.

199° Le Trésor de St-Julien du Puy. — Castres, 1881.

200° Le Trésor de la rue des Boursiers de Castres. — Castres, 1881.

201° La Cachette monétaire d'Albi. — Albi, 1881.

202° Les Monnaies de François Ier. — Castres, 1881.

203° Les Testons de Jeanne d'Albret. — Castres, 1881.

204° Etude sur les Transformations qu'a subies le signe d'échange dans le Tarn. — Castres, 1881.

205° Les Jetons du Tarn. — Castres, 1881.

206° Le Trésor monétaire des Cammazes. — Castres, 1882.

207° La Cachette monétaire de Murat. — Castres, 1883.

208° Une Monnaie des Volcae découverte à Tauriac. — Albi, 1883.

209° La Cachette monétaire de St-Sulpice. — Castres, 1884.

210° Les Jetons de mariage et d'amour. — Albi, 1884.

211° Les Découvertes de Lapeyrière. — Albi, 1887.

212° Les Découvertes de Layrac. — Albi, 1887.

213ᵉ Les Découvertes de Mondigous, Villemur et le Born. — Albi, 1887.

214° Les Découvertes de Roquemaure. — Albi, 1887.

215° Les Découvertes de Rabastens. — Albi, 1887.

216° Découverte d'un beau Quinaire d'or de Valentinien III, près l'Eglise de Montlougue. — Albi, 1889.

12° *Epigraphie.*

217° Inscriptions qui se trouvent à Castres et à Saïx. — Castres, 1878.

218° Inscriptions de Castres et de Labruguière. — Castres, 1879.

219° Inscription inédite de l'Eglise de Navès. — Castres, 1884.

13° *Epoque moderne.*

220° Les Faïences de Giroussens. — Castres, 1878.

221° Les Collectionneurs du Tarn. — Albi, 1878.

222° Lettre inédite de Chateaubriand. — Castres, 1880.

INSTITUT DE FRANCE

Mémoires publiés par M. Alfred CARAVEN-CACHIN dans les Comptes Rendus de l'Académie des Sciences.

223° PALÉONTOLOGIE. — Faune fossile des environs de Castres. — 1879.

224° PALÉONTOLOGIE. — Ancienneté de l'*Elephas primigenius* (Blum) dans le Bassin sous-pyrénéen. — 1881.

225° GÉOLOGIE. — Découverte du gypse dans les couches du tertiaire éocène supérieur du Tarn. — 1881.

226° TOXICOLOGIE. — Empoisonnement par les graines de l'*Euphorbia lathyris* (L.) et nouvelles expériences sur leur usage thérapeutique. — 1881.

227° MÉDECINE VÉTÉRINAIRE. — Sur une nouvelle Maladie des Oies domestiques, observée dans la commune de Viviers-les-Montagnes (Tarn). — 1881.

228° MINÉRALOGIE. — Découverte de cristaux de *Célestine* dans la carrière du Saut (Tarn). — 1885.

229° MÉDECINE VÉTÉRINAIRE. — Sur une nouvelle Epidémie qui sévit sur les Canards domestiques, observée dans les environs de Castres. — 1885.

230° GÉOLOGIE. — Nouvelles Recherches sur la configuration et l'étendue du Bassin houiller de Carmaux. — 1886.

231° GÉOLOGIE. — Age du soulèvement de la Montagne-Noire. — 1887.

232° MÉTÉORITE. — Sur un Essaim météorique tombé le 10

août 1885 aux environs de Grazac et de Montpélegry (Tarn). — 1887. — Observations sur la Météorite de Grazac : type charbonneux nouveau qu'elle représente, par MM. Daubrée et Stanislas Meunier. — 1887.

233° PRÉHISTORIQUE. — Note sur la Grotte de Roset (Tarn). — 1888.

ASSOCIATION FRANÇAISE

POUR

L'AVANCEMENT DES SCIENCES

1° CONGRÈS DE PARIS.

234° La Caverne de Roset. — 1890.

235° Découverte du Poudingue de Palassou sur le Plateau Central de la France, avec planche. — 1890.

2° CONGRÈS DE LIMOGES.

236° De l'Age des Conglomérats tertiaires du Tarn et de l'Aude. — 1891.

237° Etude sur les Argiles rutilantes Lutétiennes du Tarn. — 1891.

238° Description des Argiles rutilantes Bartoniennes du Tarn. — 1891.

GAILLAC. — IMPRIMERIE P. DUGOURC. — 1890.

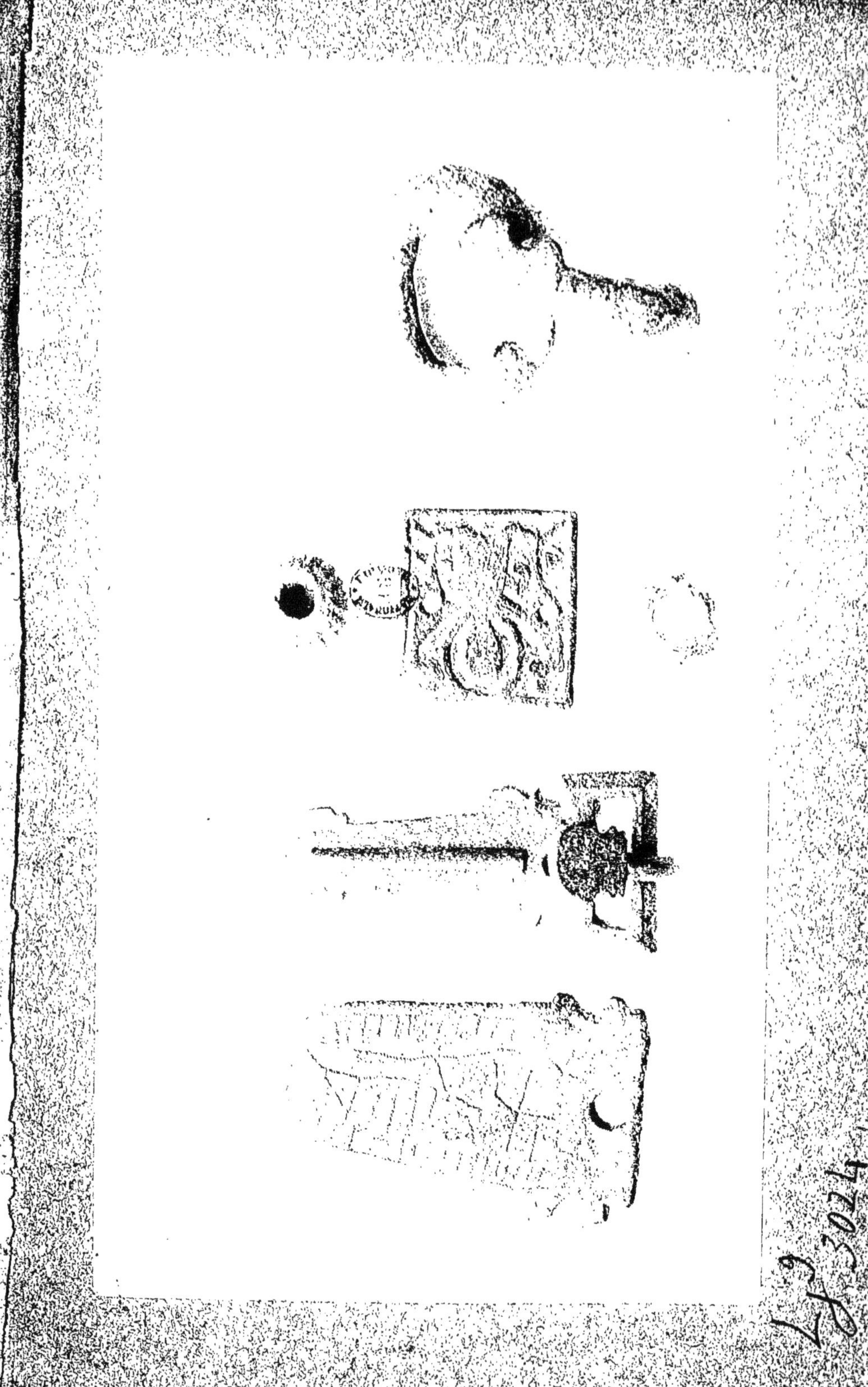

www.ingramcontent.com/pod-product-compliance
Ingram Content Group UK Ltd.
Pitfield, Milton Keynes, MK11 3LW, UK
UKHW022126170726
13837UKWH00003B/1393